rainer gross
DERRY JIGS

Das Verdikt lautete: nach Auschwitz darf man keine Gedichte mehr machen! Aber über Auschwitz ein Gedicht machen? Paul Celan tat es, mit seiner „Todesfuge".

Der Nordirland-Konflikt hat Jahrzehnte gedauert und viele Opfer gefordert. Seine Verblendung, Grausamkeit und Sinnlosigkeit wiederholt sich in allen Kriegen der Welt.

Diese Gedichte beschönigen und verherrlichen nichts. Sie wollen Antwort sein, Gegenrede gegen die Sprachlosigkeit der Gewalt.

Rainer Gross, Jahrgang 1962, studierte Philosophie, Literaturwissenschaft und Theologie. Er lebt mit seiner Frau als freier Schriftsteller in Reutlingen.

Bisher veröffentlichte Romane: Grafeneck (Pendragon 2007, Glauser-Debüt-Preis 2008); Weiße Nächte (Pendragon 2008); Kettenacker (Pendragon 2010); Kelterblut (Europa 2012).

*Bei BoD u.a. veröffentlicht:*
*Schaum von flüssiger Jade (2014)*
*Vom Kuttelessen und Katzenmachen (2014)*
*Ich suche einen Menschen (2014)*
*Drei Tage Wicklow (2015)*

rainer gross

# derry jigs

*nordirland-gedichte*

BoD 2015

**Bibliographische Information der Deutschen Nationalbibliothek:**
Die Deutsche Nationalbibliothek verzeichnet diese Publikation in der Deutschen
Nationalbibliographie; detaillierte bibliographische Daten sind im Internet über
http://dnb.d-nb.de abrufbar.
© 2015 Rainer Gross
Alle Rechte vorbehalten
Herstellung und Verlag: BoD - Books on Demand, Norderstedt
Layout und Umschlaggestaltung: Rainer Gross
Umschlagfoto: Depositphotos.com/gretalorenz
ISBN: 9783734769993

*bombs and bullets
scar this land
people swear
they'll take a stand
they raise their voice
they raise a hand
and listen in awe
to the firebrand
they march in silence
with the black armband
as they bury their dead
in the borderland
showing their colour
and following their band
they cry that world
might understand?*


*stephen hoey (17), enniskillen*

**bogside laddy**

derry derry ding dong derry
derry derry dong-a-dong

wachs und weihrauch, priesters amen
*soli deo gloria*
bin ein messbub, trage tränen
heimlich in der hosentasch.
dritter ist es, sarg von links
kürzer, schmäler, gar nicht tot
steht er auf, der tom, und lacht jetzt
liefen durch die straßen gestern
endlos sommer, bogsidejungen
zogen aus den hosentaschen
tränen-troubles-toypistolen

derry derry ding dong derry
derry derry dong
dong

trauerzug
bogsidejunge
trage heimlich, schweißumklammert
tränen aus blei
eisernes auge, sie zu weinen
irgendwann

**last orders**

schaum von den pints blasen
„kennst du den, aus ballymena:
ringt das telefon im pub
die IRA: habt 'ne bombe drin
fünf minuten zeit - "
während draußen ein wagen
im parkverbot parkt -
„der wirt legt auf und ruft:
*last orders* für alle!"

voll lachen beißen sie
splitter ins glas
überblüht von feuerblumen
im schmelztiegel werden alle
ein fleisch

*last orders* - sie lauteten:
kill 'em!

**kreosot**

hundeschnauzen
gewehrkolbengeschmack
intarsien aus zahnschmelz
„sing ein marschlied, katholik!"
zum takt der stampfenden kolben
im rhythmus des stahlrohrs im arsch

*provo-bastard provo-bastard*
*junggenug, um hopszugehn*
*daddy paddy beine breit*

später, über geschichtsbüchern
vergiss nicht zu treten
die hundeschnauzen im traum
die schnüffler von hustensalbe
statt sprengstoff
in daddys wagen

vergiss nicht
zu treten!

**ivan toombs**

zielperson
festnageln an gewohnheiten
selber ort, selbe zeit
kommandant und vater -
tochter später wiedererkannt
an blauen augen der angst -
schmiert immer butterbrote den unter-
gebenen:
selber ort, selbe zeit

menschen sind tötbar
nicht uniformen

**orange**

unsere mauer passieren sie nicht
seit 300 jahren, doch heut kommt die zeit
am zwölften juley, die urnen sind dicht
be armelite my armelite!

singen die pfeifen heut ihnen im arsch
blast ihren säcken den eigenen marsch
macht ihnen beine, ja boyne, und schal
schmecken die hirne, royal und loyal

seit 300 jahren, denn heut ist die zeit
*no surrender* und: *no pasarán*
be armelite my armelite!

**goldene straßen**

im schwarztaxi fahrend
kein polizist hält dich an
lautloser trip heut, und völlig umsonst

und die stadt
sieh doch! die stadt
ist ganz frei
und friede schwebt über den dächern
und torfrauch breitet sich aus
und über die brücke
sieh doch! die brücke
ergießt sich der strom

wo dein taxi hält, winken dir
Bobby Sands und Michael Devine
so lang, fragst du, so lang
dauert der krieg ... ?

**gebet h-block**

sei du mein traumbild, mein schwert
in der schlacht
sei du mein schutzschild bei tag
und bei nacht

sei du die decke, die mich verhüllt
du meine ehre - die därme zerknüllt
von dem hunger, die wände
grinsen vor kot
kommt nicht das ende
die hoffnung ist tot

sei du mein zeuge, im blute dein blut
duldest und beugst mit mir
wird alles gut
dein leid ist der sieg, die waffe das leid
bring ihnen krieg, sei mein' armelite

**brendan**

brendans einsamkeit
brombeeren und stacheldraht
zuchtanstalt für iren

lettern eisern geprägt
in weichweiße seele
steht der typewriter später
zwischen whiskey und stout

brendan, besser
im tod reden können
besser ...

**prods**

fressen menschenfleisch, trinken blut
zarter knaben wie dir
weiß doch jeder

mutterhände im schoß
wahrer glaube: rosenkränze
für das heil der sohnesmörder
Jesus, hilf!

du nächster spross
erwachsen unter pflastersteinen
greifst bedächtig, lächelnd
nach den wurzeln des feindes

stirb, Jesus!

**bloody sunday**

bürgerrechte bürgerrechte
schwärzer, weißer nur bei uns
auf die straße, auf die straße
pferdeküssse
gummischüsse
transparent aus tränengaze
schwarz und schwärzer
gegen uns

heiliges gedenken
dampfendes lamm unter kartoffeln
sonntagsblut
auf der weißen spitze

dreizehn, dreizehn
zerlegt im sanften opferregen:
koschere leiber den särgen
und das blut
dem gedenken

wer soll überwinden?

**nachrichtenoffizier**

brownings rede
fetzt rinde von bäumen
macht
dich antworten

doch gellt ihr fleischschrei
zu nah
meinen ohren
flüstre sie lieber
planvoll in stücke

**der polizist**

stille küste, ruhiges dorf
heime hinter heitren hecken
frieden -
der unionistenknecht
hält wache

feierabend, wohlverdient
überleben bis heute
pensionsbier bald und pläuschchen
„nehmt die helme ab
laßt die jacken zu
nicht mich, jungs
nicht mich!"

im hemdweiß wächst
die friedensfrucht
rot und ruhig
von rohren zerhustet die hundebrust
auf allen vieren
bis heute
„nicht mich, jungs!"

**provisional**

sie rannten weg
schützten die häuser nicht
mit eingeschlagenen augen
wahrten die türen nicht
wie ausgerissene engel
ließen die häute flattern
die entflorten
an britischen masten

ich rannte weg
stritt rotköpfig in kellern
besoffen von rotz und revolution
mümmelnd am mark
meines volkes

wir rannten weg
jetzt
sind wir da

**das urteil**

die hand lässt
kalt und zäh
waffensack
den warmen händen des schützen

regenmorgen
blutfrühstück
aus nächster nähe
*daddy! daddy! o daddy!*

die hand kocht suppe jetzt
dem schützen:

meine

**dáil 1919**

die gassen sind voll
der alten massaker
wir rütteln sie wach
aus mulmigem bett
und päppeln die mürben legenden
zum krieg

armee aus der zeit
gewalt durch die toten

wer will frieden?

**umarmung**

tags trunken vom tod
und aus den nähten der nacht
quillt
die lust der lebenden

lippen und atem und
blindesten blicks
an der menetekel-mauer

kuss
im koitus der republik

**was geschah mit e.c.?**

jenseits von eden
frau und zwei kinder
ein krieg, ein kerker
ein geschriebenes buch

den faulenden träumen, den wuchernden
phantomen im kopf
sieht keiner zu, nur das mal
rinnt unablässig, wund
von verwesenden tagen

was geschah, was geschieht
was niemand je sah
geschrieben steht's längst
unanfechtbar
in brüllenden lettern:

*'t was a butchery*

**die nussknacker von castlereagh**

ich tanz durch die gänge
und küß den beton
rechts und links einen
nussknackertritt

und lächelnd verweht mich
der hauch des gebrülls
in die nacht

dann früh platzt der hagel
aus splitternden wänden
mir im kopf

und tanzen die andern
die freunde, die feinde
die bullen und priester
den reigen mir ein

und knüpfen girlanden
aus den roszarten blättern
meiner enthüllung

„ich bin geknackt"

jetzt:
befehlt!

**sinn eines sterbens**

wann einsamer, wenn nicht
so zwischen den  linien
wenn keiner dann weiß
warum und von wem

auf friedsamer wiese
das kissen aus müllsack
die glieder aus teer

zuletzt wuchert würde
dir aus den wunden
zerfällst du zu duldsam im dickicht
dem richter

was bleibt, nach dem roden
ist rätsel

was bleibt, nach dem morden
ist schuld

**hoffnung**

unrottbar haust ihr
und geilt euer leben
im irischen land
breit, feist mästet die stille
euren tritt
behäbig im trommelschlag
durchs katholische elend

siedeln im schatten des windes
versuchlich
die wurzeln verdrillt
schreck siedelt mit

erbleichende straßen, asch-urnen
eure mütter: kummerverzehrt
das abendbier schluckt sich
wie blei, soldatenbewacht
täglich zwingt euch der späher
das dunkel ins aug

siedeln im schatten des schrecks
mählich
brechen die fasern

**waffenruhe**

*alle einheiten instruiert*
bekennervokabular, unerhört
*demokratischer prozess* und
*potente lage*
als würden sich die krater füllen
mit duftendem wein

barrikaden bricht die ruhe nieder
bienenumflogen, nektarweich
die luft
bläht die schusswesten
jede meerbrise verweht sie
ins blau

präsidenten winken ins volk
brits welken aus den straßen
wir rascheln hindurch
paffend, protzend, promenierend
dreißig jahre
unter schwarzer sonne
und die gier nach lichtern
reißt uns in die nacht
trunken, triebhaft, taub
vom schweigen der waffen
wer macht den sinn, wenn nicht
wir selbst?

**unten am fluss**

weidengärten, uferbusch
moosgrün säumt der fluss
an sandbänken und straßenmauern
grüßt erhaben der keltische turm
die auf dem weg sind
soldaten
ihrer majestät

grenzfluss
am irischen ufer
hecken die guerillas
zwischen nesseln und mädesüß

das signal detoniert
den wochenanfang
ein herrlicher tag
zweimal

*eighteen brits ba-lown to bits*
*down by the narrowwater*

am ende des anfangs
in verwaisten straßen
hinter erhellten scheiben
im schutz ihrer helden
feiert das volk

**kleinklima**

schwül, stickig, ein schimmer
auf den dingen
verschwommener blick
von tabakqualm und witzen
moorbraun stockt das stout
die gläser erblinden
meerbehaucht

an den wänden keimt
spruchgut, memoranden
neben devotionalien
hungerhelden darren grell
als meilensteine
der widerstand prostet gesellig
unerkennbar im volk

hüte deine zunge:
*das falsche wort*
*kostet leben*

**wegmarken**

der tausend-meilen-weg
endlich begonnen
tapferes nicken:
„dass pracht möge wohnen in unserem land!"

noch zelebrieren kränze
geschichte am straßenrand
doch heil ist nahe
den fürchtigen
und hoch lodert die lohe des friedens

mahnt das blechschild
am strommast:
*scharfschützen bei der arbeit*

**mullaghmore**

ein herrlicher tag
nach nebel und regen
die see atmet weit
zwischen achatnen klippen
das boot zieht
muntere spur ins gefunkel:
seine lordschaft
im fadenkreuz

du, skipper, irischer junge
bist dabei, geraten
in feindliche sommerfrische
stehst am nächsten -
wir wissen es -
als wir sie zünden

unschuld
hat es immer gegeben

**das opfer**

am ende
erbarmt sich aller toten
der eine sohn

wir müssen es wissen
schmecken die nägel im holz
seit jahrhunderten
wir sind
ihm gleich ...

### bemerkungen zu den gedichten

### bogside laddy
Bogside ist ein Viertel in Derry, in dem die Konflikte zwischen Katholiken und Protestanten besonders heftig waren.

### last orders
*last orders* = „letzte Bestellungen", Aufruf des Wirts vor der Sperrstunde; wörtlich auch: „letzte Befehle".
*ballymena*: Nordirisches Krisengebiet, bekannt für seine Bombenanschläge der IRA. Anspielung auf einen gängigen Witz über diese Stadt.
*parkverbot*: In Nordirland, besonders in Belfast, dienen Bereiche mit Parkverbot in belebten Straßen und vor gefährdeten Gebäuden als Schutz vor Autobomben.

### kreosot
*kreosot* = homöopathisches Bronchialmittel
*provo* = Mitglied der Provisional IRA
*paddy* = Spottname für „Ire"

### ivan toombs
*ivan toombs* : Major des Ulster Defense Regiment (UDR), der von der IRA am 16. Januar 1981 ermordet wurde.

*schmiert butterbrote für seine untergebenen*: eine Gewohnheit von Toombs, aufgrund derer er von der IRA überhaupt erst für ein Attentat fassbar wurde; Gewohnheiten bedeuten planbarer und berechenbarer Aufenthalt des Opfers.

**orange**
*orange*: Anspielung auf den loyalistischen Orangistenorden, der jährlich die Niederlage Jakobs II. gegen den protestantischen Wilhelm von Oranien in der Entscheidungsschlacht 1690 am Boyne als Nationalfeiertag begeht. Der Umzug führt dicht an den Wohnvierteln der Katholiken vorbei.
*unsere mauer* : die Mauer in Derry, die das proklamierte „free Derry" vom protestantisch besetzen trennt.
*die urnen sind dicht* : Anspielung auf die Taktik der Sinn Féin, des einstigen politischen Arms der IRA, bewaffneten Kampf mit Wahlerfolgen zu verbinden: „Armelite und Wahlurne".
*armelite* : Gewehr, das von der IRA häufig eingesetzt wurde.
*no surrender* : Anspielung auf die Parole der Royalisten während der mißlungenen Belagerung des protestantischen Derry im Krieg zwischen Jakob II. und Wilhelm von Oranien
*no pasarán* : Parole der roten Armeen im

spanischen Bürgerkrieg; wörtlich: „sie werden nicht durchkommen".

**goldene straßen**
*schwarztaxi* : Anspielung auf die schwarzen Taxis in Derry, die während der bewaffneten Auseinandersetzungen Katholiken für geringes Entgelt überallhin beförderten. Sie wurden besonders oft von der Polizei kontrolliert, weil sie annahm, dass damit IRA-Waffen transportiert würden.
*Bobby Sands und Michael Devine* : mittlerweile als Märtyrer verehrte Gefangene, die während des Hungerstreiks 1981 in britischen Gefängnissen starben.

**gebet h-block**
*h-block* : Flügel des berüchtigten Maze-Gefängnisses, in dem die IRA-Mitglieder während des Hungerstreiks inhaftiert waren.
*sei du mein traumbild* : Anspielung auf ein altes keltenchristliches Gebet „be thou my vision".
*sei du die decke* : Anspielung auf die Weigerung der Hungerstreikenden, die Gefängniskleidung anzuziehen; stattdessen hüllten sie sich in Decken.
*die wände grinsen vor kot* : Während des Hungerstreiks beschmierten die Inhaftier-

ten ihre Wände mit den eigenen Exkrementen.
*sei du mein Zeuge* : die Leiden der Gefangenen wurden mit dem Leiden Christi und seinem Märtyrertod in eine Linie gestellt.

**brendan**
Gemeint ist Brendan Behan, ein irischer Schriftsteller, der selbst eine Vergangenheit in der republikanischen Bewegung hatte. In einem Dubliner Pub hatte er seine Schreibmaschine deponiert. Er starb an den Folgen seiner Diabetes und seiner Alkohlsucht.

**prods**
*prods* = Bezeichnung für die Protestanten
*fressen menschenfleisch* : Anspielung auf einer der Vorwürfe gegen die ersten Christen im Römischen Reich, entstanden aus einem Missverständnis des Abendmahls heraus.

**bloody sunday**
*bloody sunday* : Im Januar 1972 erschossen britische Fallschirmjäger 13 Katholiken, die an einem unbewaffneten Protestmarsch für Bürgerrechte teilnahmen.
*gummischüsse ... tränengaze* : Die Polizei setzte gegen Zivilisten gerne Gewehre mit Gummigeschossen und Tränengas ein.

**nachrichtenoffizier**
*nachrichtenoffizier* = „intelligence officer" innerhalb der IRA, der Informationen zur Planung von Aktionen sammelt.
*browning* = automatische Pistole

**provisional**
*provisional* = Neuformierung der IRA in Opposition zur „official IRA" während der Bürgerrechtskampagnen in Derry
*ich rannte weg* = „I Ran Away" = I.R.A.: verächtliche Bezeichnung der „official IRA", weil sie den Übergiffen der Polizei und paramilitärischer Loyalisten tatenlos zusah.
*besoffen von rotz und revolution* : Anspielung auf den Umstand, dass die republikanische Bewegung und die IRA sich anfangs aus unzufriedenen marxistischen Revolutionären rekrutierte.

**dáil 1919**
*dáil 1919* = Beschlüsse des einzigen gesamtirischen Parlaments, irisch „dáil", vor der Teilung des Landes 1921 in den Freistaat Irland und Nordirland. Die IRA-Ideologie führte ihren Volksauftrag zum Krieg auf dieses gesamtirische Parlament zurück.

**was geschah mit e.c.?**
Gemeint ist Eamon Collins, der als ehemali-

ger IRA-Kämpfer 1997 in dem Buch „Killing rage" mit seiner Vergangenheit abrechnet. Er wurde am 27.1.1999 gefoltert und erschossen aufgefunden.
*'t was a butchery* : Kommentar eines Nordiren zum Mord an Eamon Collins

**die nussknacker von castlereagh**
*nussknacker* : Anspielung auf die Taktik, Gefangene in Verhören zu „knacken", d.h. ihren Widerstand zu brechen und sie zu einem Geständnis zu bringen. Sog. Nussknackerkommandos innerhalb der IRA sollten in geheimen Vernehmungen Verräter entlarven.
*castlereagh* : berüchtiges Vernehmungszentrum der Polizei

**unten am fluss**
Gemeint ist der „bloody monday", der 27. August 1979, an dem die IRA neben einem Bombenattentat auf Lord Mountbatten ein weiteres auf einen britischen Armeetransport in Warrenpoint nahe der irisch-nordirischen Grenze verübte.

**wegmarken**
*dass pracht möge wohnen ... :* Zitat aus der Bibel, Psalm 85 Vers 10
*mahnt das blechschild:* In Nordirland finden

sich tatsächlich Verkehrsschilder mit der stilisierten Darstellung eines maskierten Mannes, der eine Schnellfeuerwaffe in der Hand hält, und der Warnung: *snipers at work*.

**mullaghmore**
Am 27. August verübte die IRA ein Bombenattentat auf Lord Mountbatten, der in Sligo seit Jahren seinen Sommerurlaub verbrachte. Der irische Bootsjunge Paul stand der im Motorraum versteckten Bombe am nächsten und starb sofort.

**das opfer**
Zitat von Gerry Adams, dem politischen Führer der Sinn Féin, aus seinem 1990 erschienenen Buch *Cage eleven*, dt. Ausgabe ars vivendi S.146: „Jesus hat Erbarmen mit allen Toten, die in Irland und für Irland starben. Niemand von uns ist ohne Schuld; nur unsere Kinder sind unschuldig."